Les 15 Danses Modernes

pour devenir un

Parfait Danseur Mondain

Scottisch Espagnole
Maxixe Brésilienne
Valse Hésitation
Variétés Lévitte
Boston Anglais
One Step
Tango

Paso-Doble - Java
Maxixe Algérienne
Boston Américain
Triboston Ondulé
Boston Simple
Fox-Trot
Valse

Le premier pas mon fils, que l'on fait dans
le monde,
Est celui dont dépend le reste de vos jours
Ridicule une fois, on vous le croit toujours
L'Impression demeure. . . . . .
(VOLTAIRE)

AVANT-PROPOS

A maintes reprises on m'a demandé de réunir en un petit volume les différents pas des danses modernes; les nombreux livres parus à ce sujet sont en effet, soit des traités compliqués à l'usage de ceux qui se destinent à une carrière chorégraphique, soit de petits manuels insuffisants, ne portant pas même, pour la plupart, le nom de l'auteur.

La présente théorie, qui comprend les quinze danses modernes les plus répandues dans les salons, actuellement, n'a la prétention d'être ni un traité complet de chorégraphie, ni une œuvre de littérature; son but est de faire du lecteur un parfait danseur mondain.

— PRÉFACE —

Dans la civilisation antique — la danse tenait une place importante qu'il serait puéril de vouloir nier — quel vif sentiment de l'élégance du corps dans les attitudes n'avaient pas en dansant, les Grecs et les Romains ! Et comme ils surent faire de la danse un art véritable basé sur la grâce et l'enrythmie des mouvements.

Si — chez les peuples à demi-sauvages se pratiquent les DANSES DE GUERRE — depuis un temps immémorial, nous constatons dans tout l'Orient les DANSES D'AMOUR où les femmes principalement s'adonnent à des mouvements cadencés des hanches et des jambes — et dans l'Inde nul n'ignore les lascives Bayadères !

Mais dans les pays de civilisation moderne — combien sont infiniment gracieuses — les danses de bon ton que nous appellerons — LES DANSES DE SALON lesquelles exigent pour être bien exécutées, des qualités résultant du jeu naturel des organes et du geste.

Un danseur mondain, moderne, doit en effet posséder des qualités indéniables de souplesse élégante, aussi devra-t-il toujours s'efforcer d'avoir des attitudes où se liront la recherche de l'esthétique, ou de faire des mouvements agréables à l'œil.

Il dansera avec sentiment de façon à soumettre toutes les émotions qu'il ressent, à un rythme particulier dont la résultante sera toute de charme.

Pour être un bon danseur, il faut avoir aussi de la sensibilité. De même que quelqu'un qui en est dépourvu ne prendra nul plaisir à l'audition d'une musique douce et mélodique, de même, un danseur privé de sensibilité, ne pourra traduire par des gestes et attitudes rythmées, la danse des salons.

Donc cultivons l'art de la danse, mais de la danse sérieuse, fine, et non échevelée aux figures burlesques, sachons danser en artiste, en virtuose, non de façon bouffonne. Les qualités qui résulteront de sa pratique raisonnable et raisonnée, ne pourront qu'être salutaires à la santé du corps tout en nous procurant un divertissement des plus raffinés, et une des griseries des plus douces que l'on puisse concevoir.

LES CINQS POSITIONS DES PIEDS[1]

1° Talons joints, pointes des pieds écartées à environ 20 cm de distance.

2° Pieds parallèles, à 30 cm de distance l'un de l'autre.

3° Pied gauche comme dans la 1re position; le creux du pied droit au talon du pied gauche. Ou bien: pied droit comme dans la première position, le creux du pied gauche au talon du pied droit.

4° Même position que la précédente, mais les deux pieds à environ 30 cm de distance l'un de l'autre.

5° Pied droit comme dans la 1re position; le talon du pied gauche à gauche, touchant la pointe du pied droit, les deux pieds formant un angle droit. Ou bien: le pied gauche comme dans la 1re position, le talon du pied droit à droite, touchant la pointe du pied gauche, les deux pieds en angle droit.

---

(1) Ces positions ne concordent pas toutes avec les écrits de mes devanciers à qui je rend un hommage respectueux. J'ai simplifié, pour les danses de salon, les positions des pieds indiquées par les autres auteurs, qui servent plutôt à la danse théâtrale.

LE ONE-STEP

Le *One-Step* est une danse très simple qui, comme son nom l'indique, ne comprend qu'un pas, marché, simple glissé ou croisé. La mesure est à 2/4, on compte un temps par pas : un, deux, trois, quatre; ou : un, deux, un, deux.

Position. -- Cavalier et Cavalière sont face à face; le cavalier tient délicatement dans la paume de sa main gauche la main droite de sa cavalière; sa main droite est légèrement posée au dessus de la taille de sa partenaire (pour la soutenir sans trop la serrer contre lui, ce qui est un manque de tact et une gêne pour la danse). La cavalière a son bras gauche légèrement posé sur le bras droit du cavalier, en effaçant le coude le plus possible pour éviter de heurter les autres couples.

Cavalier

Marche. — Partir toujours pied droit(1) en avant.

Faire quatre pas: droit, gauche, droit, gauche, un temps par pas, (deux mesures). On compte 1, 2, 3, 4.

Cavalière

Marche. — Partir toujours pied gauche en arrière.

Quatre pas en arrière: gauche, droit, gauche, droit, un temps par pas, (deux mesures). On compte 1, 2, 3, 4.

Ces pas peuvent se recommencer autant de fois que l'on désire.

Pas glissé. — Obliquer à gauche, glisser le pied gauche à gauche (1 pas, 1 temps), rassembler le pied droit au gauche (1 temps)(2). On compte 1, 2, 1, 2.

Pas glissé. — Obliquer à droite, glisser le pied droit à droite (1 pas, 1 temps), rassembler le pied gauche au droit (1 temps)(2). On compte 1, 2, 1, 2.

Croisé-glissé. — Glisser le pied gauche à gauche (1 temps), croiser le pied droit devant (1 temps), glisser le gauche à gauche (1 temps), et rassembler le droit au gauche (1 temps)(2) On compte 1, 2, 3, 4.

Croisé-glissé. — Glisser le pied droit à droite (1 temps), croiser le pied gauche devant (1 temps), rassembler le gauche au droit (1 temps)(2). On compte 1, 2, 3, 4.

(1) Seule manière qui permette un bon départ.

(2) Voir la 3e position des pieds, page 4.

Cavalier

Croisé. — Croiser le pied droit devant le gauche (1 temps); porter le pied gauche à gauche, parallèle au pied droit[1] (1 temps); croiser le pied droit derrière le gauche (1 temps), et porter le pied gauche à gauche (1 temps)[1].

Cavalière

Croisé. — Croiser le pied gauche derrière le droit (1 temps); porter le pied droit à droite, parallèle au pied gauche[1] (1 temps); croiser le gauche devant le droit (1 temps), et porter le pied droit à droite, (1 temps)[1].

Lorsqu'un pied croise devant l'autre, il entraîne dans sa direction le corps, qui fait un quart de tour. On compte 1, 2, 3, 4.

Dans tous ces pas, *glissés, croisés,* etc., la pointe du pied doit toujours être dirigée dans le sens de la marche.

Pas d'arrêt. — Pied droit à droite[1] (1 temps), rapprocher le pied gauche du droit (1 temps), pied droit en avant (1 temps), pied gauche en avant (1 temps). On compte 1, 2, 3, 4.

Pas d'arrêt. — Pied gauche à gauche[1] (1 temps), rapprocher le droit du gauche (1 temps), pied gauche en arrière (1 temps), pied droit en arrière (1 temps). On compte 1, 2, 3, 4.

Voilà les pas les plus usités dans le *One-Step* On peut y ajouter d'autres pas, tels que le pas de jaz (*Fox-Trot*), le pas carré (*Tango*), exécutés à une cadence plus rapide que dans leurs danses habituelles. Pas fondamentaux ou pas de fantaisie doivent toujours être exécutés en mesure et bien s'accorder avec le rythme de la musique, car tous les pas ne peuvent s'accorder d'un même air; c'est à cette harmonie entre le pas et le rythme que se reconnaît le parfait danseur mondain.

Voici quelques pas de fantaisie; d'un heureux effet; il ne faudra toutefois chercher à les intercaler dans la danse que lorsque les pas fondamentaux seront parfaitement connus.

Cavalier

Marché-Chassé[2].— Obliquer à gauche, un petit pas du pied droit à gauche en chassant le pied gauche qui quitte légèrement le sol, la pointe basse (1 temps). Poser le pied gauche à terre (1 temps). On compte 1, 2 etc. 1, 2.

Cavalière

Marché-Chassé[2]. — Obliquer à droite, un petit pas du pied gauche à droite en chassant le pied droit qui quitte légèrement le sol, la pointe basse (1 temps). Poser le pied droit à terre (1 temps). On compte 1, 2 etc. 1, 2.

---

(1) Voir la 2e position des pieds page 4

(2) Les deux pas qui suivent dérivent du pas glissé (voir plus haut)

Cavalier

Marché-glissé. — Obliquer à gauche, un petit pas du pied gauche à gauche en glissant le pied droit à droite[1] (1 temps), Rassembler le pied droit au gauche (1 temps)[2].

Cavalière

Marché-glissé. — Obliquer à droite, un petit pas du pied droit à droite en glissant le pied gauche à gauche[1] (1 temps). Rassembler le pied gauche au droit (1 temps)[2].

Ces deux pas doivent se terminer par un croisé-glissé. Pour tourner, je conseille la valse à deux temps plus activée[3].

LE FOX-TROT

Le Fox-trot est une danse assez lente, très cadencée. La mesure est 4/4 ou C barré[4]; on compte tantôt un pas par temps, tantôt deux temps par pas.

Position. : Comme pour le *One-Step.*

Cavalier

Pas marchés. — Porter le pied droit en avant et faire quatre pas, en comptant deux temps par pas :

1, 2 — 3, 4 — 5, 6 — 7, 8,
droit, gauche, droit, gauche.

Cavalière

Pas marchés. — Porter le pied gauche en arrière et faire quatre pas, en comptant deux temps par pas, en arrière :

1, 2 — 3, 4 — 5, 6, — 7, 8,
gauche, droit, gauche, droit.

Ce pas se renouvelle à volonté ; s'appliquer à aller en mesure, c'est-à-dire à ce que le pied touche terre sur 1, 3, 5, 7.

Cavalier

Pas vifs. — Supposons que le cavalier se trouve le pied gauche en avant (7, 8). Faire trois petits pas en commençant par le pied droit et compter 1, 2, 3, (1 temps par pas).

Une pause pendant le 4e temps :

1, — 2, — 3, — 4,
droit, gauche, droit, pause.

Cavalière

Pas vifs. — Supposons que la cavalière se trouve le pied droit en arrière (7, 8). Faire trois petits pas en commençant par le pied gauche et compter 1, 2, 3, (1 temps par pas.)

Une pause pendant le 4e temps :

1, — 2, — 3, — 4,
gauche, droit, gauche, pause.

---

(1) 2e Position des pieds (voirpage 4), seulement le pied droit a quitté légèrement le sol (ou gauche).

(2) 3e Position des pieds (voir page 4)

(3) Voir page 19.

(4) Ce «Pas du renard» nous vient d'Amérique. Dansé à trois temps, il n'offrait alors aucun charme. Il a été transformé en Angleterre et reglementé à quatre temps par l'A. M. D. P.

Cavalier

Changement de pas. — Poser le pied droit en avant (pas habituel), soulever le pied gauche en le laissant derrière, en comptant 1, 2. Reposer le pied gauche à sa place (derrière le droit), 1 temps; rassembler le droit au gauche, en en arrière (1 temps). On compte: 1, 2, 3, 4. Recommencer, le pied gauche en avant.

Cavalière

Changement de pas. — Poser le pied gauche en arrière (1 pas habituel), soulever le pied droit en le laissant devant, en comptant 1, 2. Reposer le pied droit à sa place (devant le gauche), 1 temps; rassembler le gauche au droit, en avant (1 temps). On compte: 1, 2, 3, 4. Recommencer, le pied droit en arrière.

Ce pas s'intercale entre la marche et les autres pas et se fait généralement par séries de 2 ou de 4.

Pas du two-step.(1) — Pied droit en avant, rapprocher le pied gauche du droit en chassant ce dernier en avant. Ce pas se compte : 1 et 2
droit chassé par gauche
1 et 2.

Pas du two-step.(1) — Pied gauche en arrière, rapprocher le droit du gauche en chassant ce dernier en arrière. Ce pas se compte : 1 et 2
gauche chassé par droit.
1 et 2.

Pas balancé. — Pied droit à droite(2) en portant le poids du corps sur ce pied (1er temps); rapprocher le pied gauche, soulevé à la hauteur de la cheville (2e temps); sans poser le pied gauche à terre, le reporter à gauche, puis le reposer à terre en portant le poids du corps sur ce pied (3e temps); rapprocher le droit soulevé à la hauteur de la cheville (4e temps). Puis:

Pied droit à droite (1 temps), rapprocher le gauche (1 temps), pied droit à droite (1 temps), porter la pointe du pied gauche au talon droit (1 temps). On compte: 1, 2, 3, 4, 5, 6, 7, 8. Faire le même pas en partant pied gauche à gauche.

Pas balancé. — Pied gauche à gauche(2) en portant le poids du corps sur ce pied (1er temps); rapprocher le pied droit, soulevé à la hauteur de la cheville (2e temps); sans poser le pied droit à terre, le reporter à droite, puis le reposer à terre en portant le poids du corps sur ce pied (3e temps); rapprocher le gauche soulevé à la hauteur de la cheville (4e temps). Puis:

Pied gauche à gauche (1er temps), rapprocher le droit (2e temps), pied gauche à gauche (3e temps), porter la pointe du pied droit au talon gauche (4e temps). On compte: 1, 2, 3, 4, 5, 6, 7, 8. Faire le même pas en partant pied droit à droite.

On remarquera dans les bals que certains danseurs font ce pas à gauche seulement; en réalité le pas doit être fait à droite puis à gauche.

---

(1) Voir boston anglais, page 22

(2) Voir la 2e position des pieds page 4.

Cavalier

Boston croisé(1). — Un pas de boston anglais à gauche, croiser le droit devant, poser pied gauche à gauche. Un pas de boston à droite, croiser le gauche devant, poser pied droit à droite. On compte 1 et 2, 3, 4; 1 et 2, 3, 4.

Pas boiteux. — Le cavalier étant pied droit en avant, pose le pied gauche à gauche(1) (1 temps). Rassembler le droit au gauche et chasser directement ce dernier un pas en arrière (1 temps) en fléchissant le genou quand le pied gauche se pose en arrière. Puis: pied droit à droite(2) (1 temps); rapprocher le gauche au droit en avant en fléchissant le genou quand ce dernier se pose en avant (1 temps).

Cavalière

Boston croisé(1). — Un pas de boston anglais à droite, croiser le gauche devant, poser le pied droit à droite. Un pas de boston à gauche, croiser le droit devant, poser le pied gauche à gauche. On compte 1 et 2, 3, 4; 1 et 2, 3, 4.

Pas boiteux. — La cavalière étant pied gauche en arrière, poser le pied droit à droite(1) (1 temps). Rassembler le gauche au droit et chasser directement ce dernier un pas en avant (1 temps) en fléchissant le genou quand le pied droit se porte en avant. Puis: pied gauche à gauche(2) (1 temps); rapprocher le droit au gauche et chasser ce dernier directement en arrière en fléchissant le genou quand le pied gauche se pose en arrière (1 temps).

On compte 1 et 2, 1 et 2.

Pour exécuter avec le brio qui lui convient ce pas sortant de l'ordinaire et très plaisant, il faut une grande souplesse et bien se conformer aux indications ci-dessus.

Cavalier

Pas titubé. — Pied droit à droite, légèrement en avant (1 temps); croiser pied gauche derrière (1 temps); poser pied droit à droite (1 temps); poser la pointe du pied gauche au talon droit (1 temps). Recommencer pied gauche à gauche.

Cavalière

Pas titubé. — Pied gauche à gauche, légèrement en avant (1 temps); croiser pied droit derrière (1 temps); poser pied gauche à gauche (1 temps); poser la pointe du pied droit au talon gauche (1 temps). Recommencer pied droit à droite.

On compte 1, 2, 3, 4.

Bien fléchir le genou qui croise, ce qui donne du cachet au pas.

---

(1) Voir boston anglais page 22

(2) Voir 2e position des pieds page 4

LE TANGO

Le Tango se compose de huit pas fondamentaux et d'autant de pas complémentaires. C'est une danse très lente à quatre temps. *El Paseo* (la promenade) se compose de séries de quatre pas marchés très lentement et même très langoureusement, en suivant bien le rythme de la musique. Partir pied droit en avant pour le cavalier, pied gauche en arrière pour la cavalière, la position étant naturellement la même que dans les danses précédentes.

Cavalier

Pas argentin. -- Pied droit en avant (1er temps), pied gauche devant (2e temps), pied droit à droite (1) (3e temps), rapprocher le gauche au droit (4e temps) en marquant un léger temps d'arrêt.

Cavalière

Pas argentin. -- Pied gauche en arrière (1er temps), pied droit derrière (2e temps), pied gauche à gauche (1) (3e temps), rapprocher le droit au gauche (4e temps) en marquant un léger temps d'arrêt.

Le Corte (pas coupé) peut se faire en avant, en arrière, à droite ou à gauche.

Corte en avant. — (Pour le cavalier). Poser pied droit en avant (1 temps), pied gauche devant (1 temps), rassembler en avant (1 temps), chasser le pied gauche en arrière et soulever le talon droit en laissant le pied en avant (1 temps). On compte : 1, 2, 3 et 4.

Corte en arrière. — (Pour la cavalière). Poser pied gauche en arrière (1 temps), pied droit derrière (1 temps), rassembler en arrière (1 temps), chasser le pied droit en avant et soulever le talon gauche en laissant le pied en arrière (1 temps). On compte : 1, 2, 3 et 4.

Corte en arrière. — Lire partie Cavalière.

Corte en avant. — Lire partie Cavalier.

Corte à gauche. — (Pour le cavalier). Poser pied droit en avant (1 temps), pied gauche à gauche (1 temps), rassembler à gauche (1 temps), chasser le pied gauche en arrière et soulever le talon droit (1 temps).

Corte à droite. — (Pour la cavalière). Poser pied gauche en arrière (1 temps), pied droit à droite (1 temps), rassembler à droite (1 temps), chasser le pied droit en avant et soulever le talon gauche (1 temps).

(1) Voir la 2e position des pieds page 4

Cavalier

Corte à droite. — Lire partie cavalière.

Medio corte. — (demi-coupé). Croiser le pied droit devant le pied gauche (1 temps), porter le pied gauche à gauche (1 temps), rassembler le pied droit au gauche (1 temps), chasser le gauche à gauche et soulever le talon droit en cambrant légèrement les reins (1 temps).

Pas carré. — (El cruzado). Pied droit à droite (1 temps), croiser le pied gauche devant (1 temps), glisser le pied droit à droite légèrement en avant (1 temps) ; pivoter un quart de tour à gauche (1 temps). Recommencer la même chose à gauche.

Cavalière

Corte à gauche. — Lire partie cavalier.

Medio Corte. — (demi-coupé). Croiser le pied gauche devant le droit (1 temps), porter le pied droit à droite (1 temps), rassembler le pied gauche au droit (1 temps), chasser le droit à droite et soulever le talon gauche en cambrant légèrement les reins (1 temps).

Pas carré. — (El cruzado). Pied gauche à gauche (1 temps), croiser le pied droit devant (1 temps), glisser le pied gauche à gauche légèrement en avant (1 temps) ; pivoter un quart de tour à droite (1 temps). Recommencer la même chose à droite.

Ce pas se fait deux fois à droite, deux fois à gauche et finit par un corte.

L'Éventail (el Palmito) Ce pas tire son nom du mouvement balancé qu'il imprime au corps.

Obliquer à gauche et porter le pied gauche à gauche (1 temps), croiser le droit devant (1 temps), glisser le gauche à gauche (1 temps), en portant le poids du corps sur ce pied, reporter le corps sur le droit (1 temps).

Obliquer à droite et porter le pied droit à droite (1 temps), croiser le gauche devant (1 temps), glisser le droit à droite (1 temps) en portant le poids du corps sur ce pied, reporter le corps sur le gauche (1 temps).

On peut faire aussi ce pas, en sens inverse : on fait les trois premiers temps comme ci-dessus ; sur le 3e temps on pivote sur les pointes en faisant un quart de tour ; pause pendant le 4e temps ; et on recommence le pas de l'éventail en sens contraire.

Media luna. — Pied droit en avant 1er temps ; pied gauche devant 2e temps ; rassembler en avant en chassant le pied gauche en arrière 1er temps ; porter le pied droit en arrière 2e temps ; rassembler et chasser le pied droit en avant 1er temps etc. On compte : 1, 2 et 1, 2 et 1 etc.

Media luna. — Pied gauche en arrière 1er temps ; pied droit derrière 2e temps ; rassembler en arrière en chassant le pied droit en avant 1er temps ; porter le pied gauche en avant 2e temps ; rassembler et chasser le pied gauche en arrière 1er temps. On compte : 1, 2 et 1, 2 et 1 etc.

Média luna sur le côté, généralement nommé pas carré.

Cavalier

Pied droit en avant (1er temps); pied gauche à gauche (2e temps); rassembler à gauche en chassant le pied gauche en arrière (1er temps); porter le pied droit à droite (2e temps); rassembler à droite et chasser le pied droit en avant (1er temps) etc.

Cavalière

Pied gauche en arrière (1er temps); pied droit à droite (2e temps); rassembler à droite en chassant le pied droit en avant (1er temps); porter le pied gauche à gauche (2e temps); rassembler à gauche et chasser le pied gauche en arrière (1er temps) etc.

On compte de même 1, 2 et 1, 2 et 1, etc.

Le pied qui est chassé en arrière (pas lorsqu'on le chasse en avant) doit décrire un demi-cercle. D'où le nom de demi-lune donné à ce pas.

Le Huit. — (el ocho). Pied droit à droite (1 temps); croiser le gauche devant (1 temps); pied droit à droite (1 temps); pivoter sur les pointes de pied en portant le gauche à gauche (1 temps); croiser le droit derrière (1 temps); pied gauche en arrière (1 temps); le pied droit derrière (1 temps); rassembler en arrière (1 temps).

Le Huit. — (el ocho). Pied gauche à gauche (1 temps); croiser le droit derrière (1 temps); pied gauche à gauche (1 temps); pivoter sur les pointes de pied en portant le droit à droite (1 temps); croiser le gauche devant (1 temps); pied droit en avant (1 temps); le pied gauche devant (1 temps); rassembler en avant (1 temps).

On compte: 1, 2, 3, 4, 5, 6, 7, 8; d'où le nom du pas.

Les Ciseaux. — (astidores). Croiser le pied droit devant le gauche (1er temps); poser la pointe du pied gauche à gauche, pivoter sur la pointe droite en soulevant le pied gauche (2e temps); croiser le pied gauche devant le droit en faisant une flexion et une extension de la jambe gauche dans un plan parallèle au corps (1er temps); poser la pointe droite à droite, pivoter sur la pointe gauche etc. (2e temps).

Les Ciseaux. — (astidores). Croiser le pied gauche devant le droit, (1er temps); poser la pointe du pied droit à droite, pivoter sur la pointe gauche en soulevant le pied droit (2e temps); croiser le pied droit devant le gauche en faisant une flexion et une extension de la jambe droite dans un plan parallèle au corps (1er temps); poser la pointe gauche à gauche, pivoter sur la pointe droite etc. (2e temps).

On compte: 1, 2; 1, 2.

Il existe, à côté de ces pas fondamentaux des pas de fantaisie tels que :

Le **coupé-croisé**, (Ciseaux avec un pas sur le côté).

Le **pas d'arrêt sur le côté**, (pas d'éventail en rassemblant sur le 4e temps : une pause).

Le **pas de dentelle**, (séries de trois pas marchés à gauche et à droite), qui dérive de la « comète »

Cavalier

La Comète. — Obliquer à gauche (position de l'éventail), pied gauche en avant (5 temps); pied droit devant (1 temps); pied gauche en avant (1 temps); rassembler en avant en chassant le pied gauche en arrière (1 temps). Recommencer le pied gauche en arrière (1 temps), pied droit en arrière (2e temps), etc.

Cavalière

La Comète. — Obliquer à droite (position de l'éventail), pied droit en avant (1 temps); pied gauche devant (1 temps); pied droit en avant (1 temps); rassembler en avant en chassant le pied droit en arrière (1 temps). Recommencer, le pied droit en avant (1 temps), pied gauche en arrière (2e temps) etc.

On compte : 1, 2, 3, 4 et 1, 2, etc.

Pas argentin fléchi. — Pied droit à droite (1 temps), croiser le gauche derrière le droit en fléchissant les genoux[1] (2e temps), pied droit à droite (3e temps), rassembler et marquer un léger temps d'arrêt (4e temps).

Pas argentin fléchi. — Pied gauche à gauche (1 temps), croiser le droit derrière le gauche en fléchissant les genoux[1] (2e temps), pied gauche à gauche (3e temps), rassembler et marquer un léger temps d'arrêt (4e temps).

On compte : 1, 2, 3, 4.

Le Tango, la plus charmante des danses modernes, demande à être dansé très gracieusement, sans aucune excentricité; il faut surtout suivre scrupuleusement le rythme, accorder les pas au phrasé musical; les temps d'arrêt par exemple doivent toujours tomber sur les silences de fin de phrase mélodique.

---

(1) En faisant en quelque sorte la révérence des enfants.

LA SCOTTISCH ESPAGNOLE

Il n'est pas rare dans les bals, de voir des gens danser la Scottisch Espagnole à l'aide de pas de Fox-trot; pourtant le rythme de la Scottisch se distingue aisément de celui du Fox-trot. La danse qui nous occupe maintenant est à 4 temps : C.

Cavalier

Pas d'habanera. — Pied droit en avant en portant le poids du corps sur ce pied 1er temps ; reporter le poids du corps sur le pied gauche resté en arrière 2e temps ; ramener le poids du corps sur le pied droit devant 3e temps. Une pause 4e temps en soulevant le talon gauche. Repartir du pied gauche en avant.

Cavalière

Pas d'habanera. — Pied gauche en arrière en portant le poids du corps sur ce pied (1er temps) ; reporter le poids du corps sur le pied droit resté en avant (2e temps); ramener le poids du corps sur le pied gauche derrière (3e temps). Une pause 4e temps en soulevant le talon droit. Repartir du pied droit en arrière.

Le corps doit avoir un léger balancement.

Le pas d'habanera peut aussi se faire en supprimant le 4e temps; comme la mesure de la musique reste à 4 temps, on fait 4 pas d'habanera à 3 temps pendant 3 mesures : 12 temps en tout. La progression est alors un peu plus rapide.

Petits pas croisés. — Supposons le cavalier pied droit en avant : poser pied gauche à gauche (1/2 temps), rapprocher la pointe droite du talon gauche (1/2 temps), pied gauche à gauche (1/2 temps) pointe droite au talon gauche (1/2 temps), pied gauche à gauche (1/2 temps), pointe droite au talon gauche (1/2 temps), pied gauche à gauche (pas un peu plus grand que les précédents) et marquer un léger arrêt (1 temps).

Petits pas croisés. — Supposons la cavalière pied gauche en arrière : poser pied droit à droite (1/2 temps), rapprocher la pointe gauche du talon droit (1/2 temps), pied droit à droite (1/2 temps), pointe gauche au talon droit (1/2 temps), pied droit à droite (1/2 temps) pointe gauche au talon droit (1/2 temps), pied droit à droite (pas un peu plus grand que les précédents) et marquer un léger arrêt (1 temps).

On compte : 1, 2, - 3, 4, - 5, 6, - 7, 8 pause.

Après le huitième demi-temps, on commence le pas d'habanera en avançant ou reculant le pied ayant marqué la pause.

Cavalier

Pas marqué. — Poser la pointe du pied droit en avant (1 temps), poser le talon droit (1 temps), porter la pointe gauche en avant (1 temps), poser le talon gauche (1 temps).

Cavalière

Pas marqué. — Poser la pointe gauche en arrière (1 temps), poser le talon gauche (1 temps), porter la pointe droite en arrière (1 temps), poser le talon droit (1 temps).

On compte 1, 2, 3, 4.

Dans les bals, on remarquera qu'en général on pose le talon puis la pointe. Néanmoins il est plus gracieux de poser la pointe d'abord.

On peut ajouter différents pas : **Pas marché**, (1 temps par pas, 3 pas et une pause par mesure).

Le vrai **Pas Espagnol** : huit petits pas glissés, à droite ou à gauche, en avant ou en arrière, par mesure. (On compte comme dans les petits pas croisés).

On peut terminer la danse par un **Corte**.

LE PASO-DOBLE

La mesure du Paso-Doble est la même que celle du One-Step, mais la cadence est plus rapide. Pour donner à cette danse sa physionomie particulière, caractéristique de son pays d'origine, il faut faire de si petits pas que le spectateur ait l'impression qu'on danse presque sur place.

Même position que dans les autres danses.

Cavalier

Pas marchés. — En commençant par le pied droit, faire huit petits pas en avant (1 pas par temps).

Pas pivoté. — Pied droit à droite (1 temps), rapprocher le gauche (1 temps), faire un pas sur place du pied droit (1 temps), pivoter sur la pointe droite en portant le pied gauche en arrière croisé derrière le droit (1 temps).

Cavalière

Pas marchés. — En commençant par le pied gauche, faire huit petits pas en arrière (1 pas par temps).

Pas pivoté. — Pied gauche à gauche (1 temps), rapprocher le droit (1 temps), faire un pas sur place du pied gauche (1 temps), pivoter sur la pointe gauche en portant le pied droit bien avant et le posant près du pied gauche du cavalier (1 temps).

Ce pas peut se faire à droite, à gauche, en avant et en arrière.

Cavalier

Pas penchés. — Faire deux séries de six petits pas, une à droite, une à gauche (1 temps par pas).

Cavalière

Pas penchés. — Faire deux séries de six petits pas, une à gauche, une à droite (1 temps par pas).

En allant à droite, le bras droit doit être tendu et penché graduellement vers le sol; le corps fait une flexion à droite et le bras gauche se replie graduellement en demi-couronne au dessus de la tête. Inversement à gauche.

Pas d'arrêt. -- Voir le 5e pas du One-step.

Il peut se faire à droite et à gauche. Il s'exécute plus vite que dans le One-step et avec de plus petits pas.

Pas tourné. — Pour tourner à droite, placer le pied droit en avant, conserver le pied gauche en arrière et faire avec ce pied de tous petits pas en tournant autour du pied droit qui forme pivot.

Pas tourné. — Pour suivre le cavalier à droite, poser pied gauche en arrière, conserver le droit en avant et faire avec le pied gauche de tous petits pas en tournant autour du pied droit qui forme pivot.

LA JAVA

La Java ne possède aucun pas particulier; c'est une réforme de la Mazurka dansée dans les bals musettes. Réglementée comme il suit, elle a été introduite dans les bals de famille et allie maintenant un certain charme à son entrain.

Mouvement activé; 3 temps bien marqués. Position comme dans les autres danses.

Pas marchés. — Six pas marchés, un temps par pas.

Cavalier

Pas fléchi. — Pied droit en avant 1 temps, rassembler le pied gauche au droit 1 temps, un grand pas du pied droit en avant en fléchissant le genou gauche 1 temps. Recommencer du pied gauche en avant.

Cavalière

Pas fléchi. — Pied gauche en arrière 1 temps, rassembler le droit au gauche 1 temps, faire un grand pas du pied gauche en arrière en fléchissant le genou droit 1 temps. Recommencer du pied droit en avant.

Ce qui forme deux pas de boston américain (Voir cette danse page 23)

Valse. Faire deux tours de valse (à six temps). Voir cette danse page 20.

Pas de côté. Faire six petits pas à droite ou à gauche, (comme pour le Paso-Doble, mais sans mouvement du corps).

On peut ajouter de nombreux pas empruntés aux autres danses, tel que le **pas boiteux** du Fox-Trot, le pas du **Two-Step**. Le danseur qui aura étudié attentivement cette théorie et qui sera arrivé à danser suivant la musique, pourra choisir lui-même les pas s'adaptant à la cadence de la Java.

LA MAXIXE BRÉSILIENNE

On a fondu l'ancienne matchiche et l'ancienne maxixe pour en faire la maxixe brésilienne. Cette danse n'est plus ce quelle fût ou ce qu'elle reste encore sur la scène comme danse d'intermède (coups de talon et de pointe, gestes excentriques et inconvenants). Telle que l'a réglementée l'Académie, elle est très gracieuse et décente.

Il n'y a qu'un pas dans la maxixe : le pas de two-step ou boston anglais. La tenue des bras et la position respective de danseurs varient seules.

1re Position. -- Même position que dans toutes les danses.

2e Position. -- Le cavalier passe délicatement de sa main gauche à sa main droite (appuyée à la taille de la cavalière), la main droite de sa partenaire; puis lève le bras gauche en demi-couronne au dessus de la tête pour prendre la main gauche de la cavalière. Le tout en continuant à danser.

3e Position. -- A. Le cavalier fait tourner la cavalière d'un demi-tour, de manière à la placer à sa droite, tous deux face en avant, le bras gauche tendu à gauche (devant la poitrine du cavalier). Les mains droites restent sur la taille. Ils font ainsi un pas à gauche.

B. Puis un pas à droite en amenant les mains gauches à la taille et en tendant le bras droit, la cavalière à la gauche du cavalier.

On fait succéder la position A à la position B aussi souvent qu'on le veut.

4e Position. — Même position que la précédente. Lorsque le couple se trouve à droite (position B), il fait un pas de boston américain au lieu du pas de boston anglais(1), en accentuant le fléchissement.

5e Position. — Les bras étendus, le couple partant de la 4e position fait un pas à droite, un pas à gauche, etc., en penchant graduellement le haut du corps et les bras du côté de la marche.

6e Position. — Les bras en couronne au dessus de la tête; le cavalier fait tourner la cavalière un demi-tour à gauche (en changeant de main de façon à aider le mouvement), de manière à se retrouver face à face.

7e Position. — Comme la 5e, seulement les danseurs sont ici face à face.

On change de position à volonté. La 5e position présentant quelque chose d'incorrect (cavalier derrière la cavalière), il est bon de n'en faire qu'un passage entre la 4e et la 6e.

LA VALSE

Dans la valse, deux difficultés se présentent : vaincre le vertige et savoir valser en rond, faire le tour d'une salle sans encombrer le centre. Si on ne valse pas en rond, c'est que le corps n'effectue pas un tour complet pour chaque pas de valse (2 mesures); je conseille donc de prendre un point de repère et d'effectuer plusieurs tours de valse à deux temps en reve-

---

(1) Voir ces bostons pages 23 et 24.

nant, après chaque tour, bien en face du point de repère. Cet exercice occasionnera naturellement le vertige; il suffit pour le vaincre de faire deux ou trois tours de valse à deux temps en sens inverse. En faisant cet exercice pendant quelques jours on arrivera au résultat que beaucoup mettent un temps infini à atteindre. La mesure de la valse est 3/4; la position est la position ordinaire.

Valse à deux temps. -- Elle ne se danse presque plus maintenant: elle consiste à pivoter sur un pied (1/2 tour) en levant l'autre, en comptant deux temps par pas, ce qui fait 3 tours complets pour 4 mesures. Ceci sur une mesure plus activée que celle des valses de nos jours.

Valse à trois temps. -- Les pas sont les mêmes pour le cavalier et la cavalière, mais, tels qu'ils sont numérotés, la cavalière les fait dans l'ordre en partant du n° 1 (n°s 1, 2, 3, 4, 5, 6) et le cavalier en partant du n° 4 (n°s 4, 5, 6, 1, 2, 3).

Cavalier

Porter le pied gauche à gauche(3) (1 temps); glisser la pointe droite au talon gauche(2) (1 temps); se soulever sur les pointes et pivoter d'un demi tour pour se trouver talons joints, pointes ouvertes (1 temps).

Glisser le pied droit en avant, pointe ouverte(1) (1 temps); poser le talon gauche à la pointe droite(2) (1 temps); se lever sur les pointes des pieds et pivoter d'un demi tour, pour se retrouver talons joints, pointes ouvertes (1 temps). On compte 4, 5, 6, 1, 2, 3.

Cavalière

Glisser le pied droit en avant, pointe ouverte(1) (1 temps); poser le talon gauche à la pointe droite(2) (1 temps); se lever sur les pointes des pieds et pivoter d'un demi-tour (1 temps), dans ce mouvement les talons se joignent, les pointes ouvertes naturellement.

Porter le pied gauche à gauche(2) (1 temps); glisser la pointe droite au talon gauche(2) (1 temps); se soulever sur les pointes et pivoter d'un demi tour pour revenir les talons joints, pointes ouvertes (1 temps). On compte 1, 2, 3, 4, 5, 6.

On recommence ce pas unique, soit à droite comme ci-dessus, soit à gauche (mouvement inverse). Ce pas, composé de six mouvements et formant un tour de valse, s'exécute donc en 2 mesures à 3/4.

---

(1) Pointe ouverte : lorsqu'on tourne à droite, cela signifie que la pointe du pied droit doit être tournée vers la droite à l'extérieur et vice-versa.

(2) Voir 5e position des pieds, page 4

(3) Voir 2e position des pieds, page 4

LE BOSTON SIMPLE

Cette danse, facile comme l'indique son nom, est généralement intercalée entre les différentes danses à 3 temps.

Cavalier

Glisser le pied droit en avant, pointe ouverte, (1 temps) ; glisser le pied gauche devant pointe fermée(1) (1 temps) ; rassembler le pied droit au pied gauche (1 temps) ; glisser le gauche en arrière pointe fermée (1 temps) ; puis le pied droit derrière pointe ouverte (1 temps) ; rassembler le pied gauche au droit (1 temps).

Cavalière

Glisser le pied gauche en arrière, pointe fermée(1) (1 temps) ; glisser le pied droit derrière pointe ouverte (1 temps) ; rassembler en arrière (1 temps) ; glisser le droit en avant pointe ouverte (1 temps) ; puis le gauche devant pointe fermée (1 temps) ; rassembler en avant (1 temps).

A chaque temps, pour chaque mouvement, le corps doit tourner d'un quart de tour à droite, de telle sorte qu'au 6e, le couple doit se trouver face à la direction de départ. Pour aller à gauche, faire les pas en sens inverse.

Observations. -- Si le danseur voit que ce pas ne lui permet ni d'avancer, ni de suivre le tour de la salle, c'est qu'il ne se conforme pas à la recommandation suivante : pointe bien ouverte sur les 1er et 3e temps (pour le cavalier), pointe bien fermée sur les 2e et 4e temps (cavalier).

Remarquons d'ailleurs que le pas de boston simple peut être exécuté en avant et en arrière, sans tourner : les pointes de pied restent alors dans les mêmes directions que dans la position des pieds no 1, et le corps reste aussi dans la même direction.

LA VALSE HESITATION

Cette danse, si goûtée dans les salons mondains, n'est généralement pas dansée suivant les règles : la plupart des danseurs

---

(1) Pointe fermée : lorsqu'on tourne à droite, cela signifie que la pointe du pied gauche doit être tournée à l'intérieur vers la droite, et vice versa.

esquissent quelques pas de boston et s'imaginent danser l'hésitation.

Elle peut se danser sur la plupart des valses lentes.

Cavalier

1er Pas. — Croiser le pied droit devant le gauche (1 temps), poser le pied gauche à gauche (1 temps), rassembler le droit au gauche (1 temps). Poser le pied gauche à gauche(1) et soulever le talon droit (1 temps) en cambrant légèrement la taille. Rester dans cette position pendant les 5e et 6e temps de valse(2).

Cavalière

1er Pas. Croiser pied gauche devant le pied droit (1 temps), poser le droit à droite (1 temps), rassembler le gauche au droit (1 temps). Poser le pied droit à droite(1) et soulever le talon gauche en cambrant légèrement la taille (1 temps). Rester dans cette position pendant les 5e et 6e temps de valse(2).

2e Pas. -- Pour passer du 1er motif à celui-ci, le cavalier exécute un quart de tour à droite en pivotant sur les pointes de pied sur le 4e temps du pas précédent ; il se trouve ainsi, pied gauche en arrière, talon levé, le poids du corps sur le pied droit, le bras gauche tendu horizontalement devant la poitrine de la cavalière. Le couple « hésite » ainsi pendant les 5e et 6e temps du pas, puis commence le 2e :

Pied droit en arrière (1 temps) ; pied gauche derrière (1 temps) ; rassembler en arrière (1 temps) ; porter la pointe gauche en arrière et pivoter à gauche d'un demi-tour sur les pointes de pied (1 temps) ; hésitation pendant les 5e et 6e temps.

Pied droit en avant (1 temps) ; pied gauche devant (1 temps) ; rassembler en avant (1 temps) ; porter la pointe gauche en avant et pivoter à droite d'un demi-tour sur les pointes de pied (1 temps) ; hésitation pendant les 5e et 6e;

Pied gauche en avant (1 temps) ; pied droit devant (1 temps) ; rassembler en avant (1 temps) ; porter la pointe droite en avant et pivoter à gauche d'un demi-tour sur les pointes de pied (1 temps) ; hésitation pendant les 5e et 6e temps.

Pied gauche en arrière (1 temps) ; pied droit derrière (1 temps) ; rassembler en arrière (1 temps) ; porter la pointe droite en arrière et pivoter à droite d'un demi-tour sur les pointes de pied (1 temps) ; hésitation pendant les 5e et 6e temps.

On compte : 1, 2, 3, 4, 5, 6 ; 1, 2, 3, 4, 5, 6.

Et on recommence le pas à volonté.

---

(1) 4e position des pieds, voir page 4.

(2) C'est cette pause pendant les 5e et 6e temps qui donne le nom d'hésitation à la danse.

Cavalier

3e Pas. — Obliquer à droite pour se trouver face au mur, poser le pied gauche à gauche (1 temps); croiser le droit derrière (1 temps); rassembler le gauche au droit de manière à se retrouver dans la position n° 1 de la danse (1 temps); pied droit en avant (légèrement à droite) en soulevant le talon gauche et cambrant légèrement la taille (1 temps); hésiter pendant les 5e et 6e temps.

On recommence pied gauche à gauche, etc.

Cavalière

3e Pas. — Obliquer à droite pour se trouver dos au mur, poser le pied droit à droite (1 temps); croiser le gauche devant (1 temps); rassembler le droit au gauche de manière a se retrouver dans la position n° 1 de la danse (1 temps); pied gauche en arrière (légèrement à gauche) en soulevant le talon gauche et cambrant légèrement la taille (1 temps); hésiter pendant les 5e et 6e temps.

On recommence pied droit a droite, etc.

Ce pas peut aussi se faire en sens inverse.

Ces différents pas de l'hésitation peuvent se lier entre eux ou à la Valse et aux Bostons par un ou plusieurs pas de Boston simple. Ces différents pas, pivotés et glissés, doivent être exécutés bien en mesure et très gracieusement.

Toutes les danses à 3/4, avec peu d'exceptions, peuvent se danser sur un même air de valse moderne, car celle-ci comprend différents mouvements; pendant le rythme ordinaire, on fait des tours de Valse ou des pas de Boston simple; pendant le mouvement accéléré les Bostons anglais et américains conviennent très bien; enfin les mouvements lents sont propices à l'hésitation.

Remarquons que le 3e temps de tous ces pas (Valses, Bostons) est le même, on revient à la position des pieds n° 1; on peut donc, sur le 4e temps, repartir pour un autre pas que celui exécuté jusqu'alors.

LE BOSTON ANGLAIS OU TWO-STEP

Le Two-Step, ancien Boston anglais, est le simple pas chassé que tout le monde exécute sans s'en rendre compte. Il est facile à danser, gracieux et peut s'intercaler dans toutes les danses anciennes et modernes : il suffit de bien suivre le rythme de la musique.

Il peut se danser franchement en avant ou en arrière et directement à droite ou à gauche.

Cavalier

Pied droit en avant (1 temps); rapprocher le gauche du droit, en chassant le droit directement en avant (1 temps).

Cavalière

Pied gauche en arrière (1 temps) ; rapprocher le droit du gauche, en chassant le gauche directement en arrière (1 temps).

Quand on bostonne sur le côté, on fait succéder un pas à gauche à un pas à droite ; le corps oblique lui aussi à gauche ou à droite.

LE BOSTON AMÉRICAIN

Ce Boston faisait rage dans les salons avant la guerre ; on l'a peu pratiqué depuis, mais il semble renaître et reprendre sa place avec la Valse et les autres Bostons. Le pas en est simple, se rapproche du Two-step ; il peut s'intercaler, au moyen de simples pas marchés plus ou moins rapides selon le rythme, de long en large et en rond. Il est préférable que le cavalier parte en arrière.

Cavalier

Pied gauche en arrière (un petit pas, 1 temps) ; porter le pied droit en arrière à la hauteur du pied gauche (1 temps) ; glisser le gauche d'un grand pas en arrière en fléchissant sur les genoux (1 temps).

Recommencer pied droit en arrière.

Cavalière

Pied droit en avant (un petit pas, 1 temps) ; porter le pied gauche en avant à la hauteur du pied droit (1 temps) ; glisser le droit d'un grand pas en avant en fléchissant sur les genoux (1 temps).

Recommencer pied gauche en avant.

Cette danse peut s'exécuter sur les airs de Mazurkas aussi bien que sur les Valses. Noter qu'on peut la danser sans incovénient sur des mesures à 6/8.

LE TRIBOSTON ONDULÉ

(Création du Professeur LÉVITTE)

Ces pas s'adaptent à toutes les Valses lentes.

Cavalière

1er motif, position habituelle. -- A. Croiser le pied droit devant (1er temps), glisser le gauche à gauche (2e temps), rassembler le droit au gauche (3e temps), porter le pied gauche en arrière (4e temps), soulever le pied droit en fléchissant légèrement le genou, la pointe basse, et en pivotant légèrement à droite sur la pointe gauche (5e et 6e temps).

B. Pied droit en avant (1er et 2e temps), rassembler en avant(1) (3e temps), porter le pied droit en avant (4e temps), soulever le pied gauche en le laissant derrière, le genou fléchi et en pivotant légèrement à droite sur la pointe droite (5e et 6e temps).

C. Croiser le gauche derrière (1er temps), glisser le pied droit à droite (2e temps), rassembler le gauche au droit (3e temps), porter le droit en avant (4e temps), soulever le pied gauche en le laissant derrière, le genou fléchi et en pivotant légèrement à droite sur la pointe droite (5e et 6e temps).

D. Pied gauche en arrière (2 temps), rassembler en arrière(1) (3e temps), porter le pied gauche en arrière (4e temps), soulever le pied droit en le laissant devant, le genou fléchi et en pivotant légèrement à droite sur la pointe gauche (5e et 6e temps).

Cavalier

1er motif, position habituelle. -- C. Croiser le pied gauche derrière (1er temps), glisser le droit à droite (2e temps), rassembler le gauche au droit (3e temps), porter le pied droit en avant (4e temps), soulever le pied gauche en fléchissant légèrement le genou, et en pivotant légèrement à droite sur la pointe droite (1e temps).

D. Pied gauche en arrière (1er et 2e temps), rassembler en arrière(1) (3e temps), porter le pied gauche en arrière (4e temps), soulever le pied droit devant, le genou fléchi et en pivotant légèrement à droite sur la pointe gauche (5e et 6e temps).

A. Croiser le pied droit devant (1er temps), glisser le gauche à gauche (2e temps), rassembler à gauche (3e temps), porter le gauche en arrière (4e temps), soulever le pied droit en fléchissant légèrement le genou la pointe basse, et en pivotant légèrement à droite sur la pointe gauche (5e et 6e temps).

B. Pied droit en avant (1er et 2e temps), rassembler en avant(1) (3e temps), porter le pied droit en avant (4e temps), soulever le pied gauche en le laissant derrière, le genou fléchi et en pivotant légèrement à droite sur la pointe droite (5e et 6e temps).

On compte 4 fois 1, 2, 3, 4, 5, 6.
On recommence le pas à volonté.

---

(1) Voir la 3e position des pieds, page 4

Cavalière

1er motif, position ouverte. -- Se trouvant sur le pied gauche, le pied droit levé devant (5e et 6e temps), poser le droit près du gauche et rester ainsi pendant les 3 premiers temps; glisser le pied gauche en avant (4e temps) et soulever le pied droit derrière (5e et 6e temps).

Cavalier

1er motif, position ouverte. -- Se trouvant sur le pied droit, le pied gauche levé derrière (5e et 6e temps), poser le pied gauche près du droit du cavalier (1er temps), porter le droit près du gauche (2e temps), marquer un petit pas du gauche (3e temps) pour se retrouver en 1re position de la danse, face en avant, comme le cavalier; glisser le gauche en avant (4e temps) et soulever le pied droit derrière (5e et 6e temps).

Dans cette position ouverte, le cavalier tient dans sa main gauche la main de sa cavalière, le bras gauche étendu devant la poitrine; les mains droites se portant à la taille de la cavalière (position n° 3 A. de la Maxixe Brésilienne).

Faire le 1er motif comme pour le cavalier (position habituelle), mais en croisant le pied droit derrière.

2e Motif. -- Les pas sont ici les mêmes pour le cavalier et la cavalière, mais l'un les fait à droite, l'autre à gauche.

Pied gauche à gauche (1 temps), croiser le droit devant (1 temps), pied gauche à gauche (1 temps), soulever le pied droit et croiser la jambe droite tendue devant la gauche sans poser le pied droit à terre (1 temps), porter la jambe droite croisée derrière la gauche, la pointe décrivant un fer à cheval, poser à terre le pied droit en fléchissant sur les genoux (1 temps), se redresser (1 temps).

Faire un pas de Boston anglais à gauche et pivoter vers la droite.

Recommencer les mêmes pas à droite : pied droit à droite, etc.

On doit ajouter à ces trois motifs des pas marchés par séries de trois, en cadence avec la musique.

LA MAXIXE ALGÉRIENNE

(Création du Professeur LÉVITTE)

Inspirée par le caractère du pays et créée à l'intention de mes hôtes, et avec un peu d'habitude et d'attention le danseur pourra adapter ces différents pas à d'autres musiques.

Position : la même que dans toutes les danses. Le pas est le même pour le cavalier et la cavalière, mais celle-ci l'exécute du pied contraire.

1er Motif. -- Un pas de Boston américain (voir page 23) à droite, un pas de Boston anglais à gauche. Recommencer ces deux pas.

2e Motif. -- Le cavalier se trouvant sur le pied gauche fait, en partant du droit, sept petits pas (voir Scottisch Espagnole, page 14) et marque un léger arrêt sur le pied droit; puis, partant du gauche, fait sept petits pas à gauche et sur le huitième temps pivote d'un quart de tour à droite sur le pied gauche. Recommencer les 2 motifs, ce qui fait 16 mesures.

3e Motif. -- Obliquer à droite de manière à ce que le cavalier se trouve face au mur. Tendre le bras gauche à la hauteur de l'épaule et lever le bras droit en demi-couronne au-dessus de la tête; exécuter dans cette position les pas suivants :

Un pas de Boston anglais du pied gauche à gauche, un pas du pied droit en avançant vers la gauche, puis encore un pas du gauche. Avancer le pied droit devant le gauche, pointer à gauche du pied gauche, puis à droite. Pivoter à droite et recommencer ces pas à droite, en pointant alors du pied gauche à droite et à gauche du pied droit.

Recommencer ce motif : 16 mesures.

Refaire 2 fois les 2 premiers motifs : 16 mesures.

4e Motif. -- Un pas de Boston anglais à gauche, un pas de Boston anglais à droite, un pas boiteux (voir Fox-trot, page 7) à gauche, un pas boiteux à droite; recommener ces pas : huit mesures.

Porter pied gauche à gauche, croiser le pied droit derrière le gauche en chassant le gauche directement à gauche et portant le poids du corps sur le pied gauche; ramener le poids du corps sur le pied droit en soulevant le gauche. Recommencer ce pas pendant huit mesures.

Reprendre le début de ce motif.

On peut à volonté reprendre les 2 premiers motifs jusqu'à la coda.

LES VARIÉTÉS LEVITTE

ou Suprêmes variétés des quadrilles modernes

Ce Quadrille a pour but de montrer la beauté des danses où tous les couples font, à la fois et suivant les principes, les mêmes pas; en outre elle rapproche ces couples et crée une atmosphère amicale, opposée à cet air glacial et irrévérencieux de certains dancings où chacun fait à sa guise sans se soucier de l'existence des théories.

Le premier, j'ai pensé à régler un quadrille composé de danses nouvelles. Il suffit pour le danser de connaître ces danses. Malgré le travail que ce quadrille m'a occasionné, je préfère qu'il m'attire des critiques plutôt que des louanges et que, inspirés de ces critiques, mes collègues composent à leur tour une série de danses qui banniront de notre société les manières de fantoche et les danses absurdes qui nous sont importées

1er Motif : L'Américaine ou Fox-chase (Fox-trot).
A. Les couples 1 et 2 font en avant 4 pas lents (2 mesures de

C barré) et trois pas vifs suivis d'une pause (1 mesure), puis reviennent à leur place par 4 nouveaux pas lents et trois pas vifs.

B. Les couples 3 et 4 font de même en avant et en arrière. Jusqu'ici, donc, 12 mesures.

C. Les couples 1 et 2 font sur place 2 fois le changement de pieds (voir Fox-trot page 7), puis changeant de place réciproquement par des pas de Boston. Arrivé à la place du vis-à-vis, chacun d'eux recommence 2 fois le changement de pieds et revient à sa place par des pas de Boston.

A.B. et C. se font dans la position ouverte, (cavalier et cavalière l'un à côté de l'autre face en avant.)

D. Prendre la position ordinaire des danses; les 4 couples font seize mesures de Fox-trot en rond, on recommence tout une seconde fois, mais ce sont les couples 3 et 4 qui guident.

2e Motif : l'Argentine ou les Gages (Tango).- A. Les couples se tenant comme danses rondes font 4 pas marchés en allant à droite (El Paséo), puis un corte; le cavalier laisse sa cavalière à la place du couple de droite, et revient à sa place par 4 pas marchés. Il prend alors la cavalière que le voisin de gauche lui a laissé et recommence comme ci-dessus. Les cavalières, à la fin de A., doivent se trouver avec les cavaliers d'en face.

B. Les présents couples 1 et 2 font deux pas d'éventail à droite (à l'intérieur du quadrille) et deux pas d'éventail à gauche (voir Tango, page 10); le cavalier 1 arrivé devant le couple 4 laisse sa cavalière à la gauche du cavalier; le cavalier 2 laisse la sienne à la gauche du cavalier 3; les cavaliers 1 et 4 reviennent à leur place par 4 pas marchés.

C. Les cavaliers 3 et 4 tenant à chaque main une cavalière font un pas Argentin en avant, tous partant du pied droit; puis un pas Argentin fléchi, tous partant du pied gauche;

A

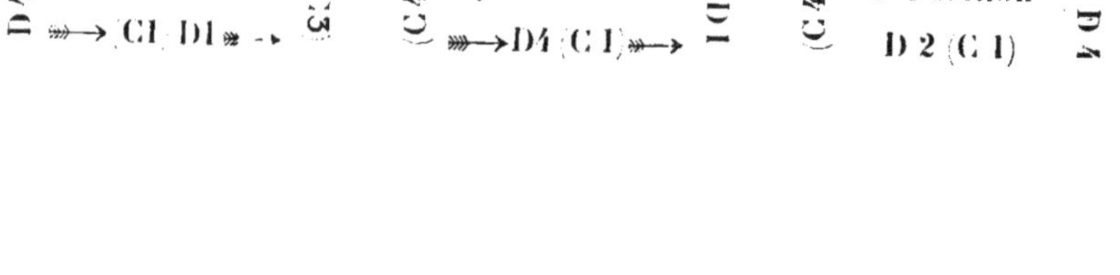

D4 (C4) ←— D2 (C2 ←— 1re Position —→ C1 D1 —→ D3 (C3)

(C4) D2 —→ C2 D3 —→ 2e Position —→ D4 (C1) —→ (C3) D1

(C4) D3 (C2) D1 3e Position D2 (C1) (C3) D4

chaque cavalier laisse ses deux cavalières au cavalier seul devant lequel il est arrivé (3 devant 1).

D. Les cavaliers 1 et 2 tenant à chaque main une cavalière font un pas Argentin en avant en partant du droit et un pas Argentin fléchi à gauche, et rendent au cavalier seul devant lequel ils sont arrivés sa propre cavalière; puis s'en retournent avec la leur à leur place.

B

D 1 (C 2)

D 3 (C 4) D 2 — D 4 (C 3) D 1

(C 1) D 2

4e Position

Par le Pas d'Eventail

C

(C 2)

D 3 (C 4) D 2 — 5e Position — D 4 (C 3) D 1

(C 1)

1 Pas Argentin à droite puis à gauche et laisser sa cavalière au voisin de gauche.

D

D 2 (C 2) D 3

(C 4) — 6e Position — (C 3)

D 4 (C 1) D 2

Même que la précédente, mais laisser une cavalière seulement (voir 1re position)

On recommence tout une seconde fois, mais ce sont les couples 1 et 3 qui guident.

3e Motif. La Parisienne ou le Chic (genre Menuet).

A. Les cavaliers prennent de leur main droite la main gauche de leur cavalière levée à hauteur de l'épaule, les bras tendus horizontalement, font un salut sur la dernière mesure de l'introduction. Les cavaliers partent du pied gauche en avant vers la place du couple à leur droite, font deux pas marchés, un pas de Boston du pied gauche, puis croisent le pied droit devant, portent la pointe du pied gauche à gauche, le talon levé et saluent leur cavalière. Ils recommencent les mêmes pas et le salut. Ils sont maintenant à la place de leur vis-à-vis.

Ils se dirigent toujours vers la place du couple à leur droite par deux pas de Boston à gauche, puis à droite, suivis du pas croisé, de la pointe du gauche à gauche et du salut. Ils recommencent, et au dernier salut sont revenus à leur place.

B. Les couples 1 et 2, changent réciproquement de place par des pas de Boston; les cavaliers saluent les cavalières à chaque pose. Les couples 3 et 4 font ensuite de même; puis 1 et 2 reviennent à leur place de même, enfin 3 et 4.

Remarques. Les cavalières font les mêmes pas que les cavaliers, mais du pied contraire; lorsque les pieds extérieurs sont en avant, ils doivent être dos à dos, les mains tenues légèrement portées en avant; tous ces mouvements du corps doivent s'exécuter très gracieusement.

Pour donner plus d'aisance au maintien, le cavalier doit tenir son poing libre sur sa hanche et la cavalière, de sa main libre, tenir gracieusement sa robe entre le pouce et l'index.

C. Les couples prennent la position de la Valse et exécutent simultanément en rond seize mesures de Valse lente ou Boston.

4e Motif. L'Espagnole ou l'Aller et Retour (Scottisch espagnole)

A. Les couples 1 et 3, et 2 et 4, dans la position ordinaire des danses changent de place par deux pas d'Habanera et 4 pas marchés (1 temps par pas); font un tour sur place de quatre pas (1 mesure). Puis, par les mêmes pas, 1 et 4, et 2 et 3 changent de place. Chaque couple est arrivé à la place de son vis-à-vis.

B. Les couples 1 et 2 font deux fois deux pas d'Habanera et huit petits pas croisés (voir Scottisch espagnole, page 14) pour revenir à leur place primitive, tandis que les couples 3 et 4 font, dans la position ouverte, deux pas d'Habanera en avant; puis le cavalier 3 donne la main droite à la cavalière 4 en levant le bras, le cavalier 4 de même avec la cavalière 3 pour laisser passer sous les bras formant arcade les couples 1 et 2. Après quoi 3 et 4 retournent en arrière à leur place et se mettent en position fermée. Le B. recommence, 3 et 4 se croisant sous les arcades 1 et 2.

Tout le monde est revenu à sa place.

C. Seize mesures de Scottisch en rond.

5e Motif. L'Anglaise ou l'Alliance (One Step)

A. Les couples dansent en rond seize mesures de One Step et reviennent à leur place.

B. Les couples 1 et 2 en position ouverte font trois pas en avant, trois pas en arrière; puis 3 et 4 font de même, 1 et 2 font trois pas en avant et chaque cavalier fait au centre du Quadrille, un tour sur place avec la cavalière vis-à-vis, puis les couples reviennent à leur place par trois pas en arrière. 3 et 4 font de même.

On recommence le tout, mais 3 et 4 guident.

Conseils aux Danseurs

Depuis la guerre il me semble que notre jeunesse ne se rend plus compte qu'un bal n'est pas seulement un lieu d'amusement, mais aussi l'endroit où, sans d'ailleurs aucun effort spécial, on doit compléter son éducation, c'est-à dire savoir entrer en société et s'y bien tenir; tous les bals ne sont pas des lieux de tapage et de scandale et d'un maintien dévergondé qui aurait autrefois choqué un simple ouvrier, à plus forte raison les mamans qui accompagnaient leurs demoiselles Car les demoiselles seules étaient très rarement admises dans les cours de danses et dans les bals. Que je me hasarde, maintenant, à demander que les parents accompagnent leurs enfants! Certes, la jeunesse a évolué pendant la guerre, mais malgré les protestations que cela peut soulever, j'affirme qu'elle a tout de même besoin de conseils; je dirai plus; elle en a besoin d'avantage que nous, de notre jeune temps: car nous avions devant les yeux l'exemple de nos aînés qui, eux, savaient se tenir au bal, dans un salon, dans la rue, et il suffisait de les observer. Les aînés de la jeunesse actuelle ne sont plus.

J'engage vivement mes lecteurs à suivre mes conseils et d'exécuter les pas d'après la théorie; de ne pas suivre l'exemple de ces habitués de dancing qui pour suppléer à leur ignorance et à leur manque d'éducation, prennent des allures douteuses et esquissent certains pas qu'ils nomment « pas de fantaisie ».

Entrée dans le salon. -- En entrant dans un bal de famille, les jeunes gens doivent s'incliner respectueusement à droite puis à gauche (les talons joints). S'il n'y a pas de présentation, on peut se permettre d'aller prendre une place, non sans demander au voisin le plus proche si la chaise n'est pas retenue. Si on se trouve en présence d'une dame ou d'un vieillard, il faut leur donner la préférence.

Une demoiselle entrant au bal incline légèrement la tête.

Si les jeunes gens sont accompagnés de leurs parents, ils

doivent d'abord veiller à ce que ceux-ci soient à leur aise, puis s'assoient.

L'Invitation. -- Prenez garde à l'invitation d'un signe du doigt, ou avec une main dans la poche, ou d'un geste de la tête; toutes ces manières sont aussi ridicules qu'inconvenantes.

Les seules invitations en société se font par le carnet de bal, ou de vive voix et *toujours avant que l'Orchestre ne commence*. Le cavalier s'approche de la dame et lui demande la permission de s'inscrire sur son carnet de bal pour une ou deux danses, trois au plus; d'avantage serait un manque de tact. Voici les formules de demande les plus usitées. : « Madame (ou Mlle) veut-elle me permettre de m'inscrire (ou veut-elle m'inscrire) pour... la Valse? ». Dans les bals de la haute société et les salons mondains on peut aussi employer cette formule : « Madame (ou Mlle) veut-elle me faire l'honneur de m'inscrire pour... » ou « Mme ou Mlle veut-elle m'accorder (ou m'honorer) de la prochaine Valse? ». Entre amis, on peut employer des formules moins cérémonieuse : « Mlle Louise me ferait-elle l'amitié de m'accorder ce Tango? », ou « veut elle me permettre de l'inviter pour ce Boston », ou « voudrait-elle me réserver la danse suivante? »

Si la danse doit suivre l'invitation, le cavalier ajoute : « Mme ou Mlle veut-elle accepter mon bras », et le couple fait une promenade dans la salle en attendant l'orchestre.

On peut faire aussi une invitation muette : le cavalier s'approche de la dame et la salue, les talons joints, ce qui remplace les précédentes formules.

Dans le cas où les messieurs n'ont pas été présentés aux parents, ils doivent pour la première danse, demander à ceux-ci l'autorisation d'inviter leur demoiselle.

Si la cavalière ne désire pas danser avec ce cavalier, (le refus doit se produire très rarement et pour des raisons tout à fait spéciales), elle doit avec un sourire très gracieux décliner l'invitation en donnant une raison; aussi ne doit-elle sous aucun prétexte faire cette danse avec un autre cavalier sauf sur l'invitation soit du maître de la maison, soit du professeur de danse.

Pendant la danse. -- Un cavalier bien éduqué ne tient jamais sa cavalière trop serrée contre lui, et bien moins la joue contre la joue, geste aussi indécent que malpropre qui malheureusement se voit maintenant assez fréquemment. Le couple doit se tenir droit sans raideur, les épaules bien en arrière dégageant la poitrine, permettant dans la danse le développement des poumons. Il faut s'appliquer à respirer la bouche fermée, ne pas envoyer son haleine au nez de sa partenaire; s'abstenir avant le bal de mets épicés, de fumer.

La cavalière doit gracieusement se laisser mener, mais doit avoir le courage de faire remarquer au cavalier s'il manque de la conduire selon les convenances.

Fin de la danse. -- La danse finie, le cavalier doit offrir son bras droit à sa cavalière et la reconduire à sa place, la remerciant poliment en joignant les talons et la saluant ainsi que les personnes qui l'environnent.

La cavalière, en réponse, doit légèrement incliner la tête, souriant gracieusement.

Conclusion

Toute personne qui suivrait avec attention cette théorie, devrait en quinze leçons devenir un parfait danseur. C'est avec mon expérience de professeur enseignant depuis quinze ans que je parle. Si quelque pas vous paraît difficile, ne l'abandonnez pas, car rien n'est impossible aux uns qui soit possible aux autres.

La grâce et l'élégance s'acquièrent aussi très facilement en s'examinant; apprenez de préférence vos pas devant une glace qui vous montrera ce qu'ils ont de disgracieux. N'ayez pas de mouvements brusques, soyez prévenant envers tout le monde et prêt à vous excuser auprès de la cavalière de votre gaucherie : ce sont les principes essentiels de la danse et du savoir vivre.

Je pourrais emplir un volume de conseils aux danseurs, mais cette théorie n'est pas un protocole mondain, et je conseille de lire certains ouvrages traitant ce sujet et savamment documentés.

A mes Lecteurs,

Je serais reconnaisant à quiconque, professeur de danse, danseur ou simple lecteur, me signalerait une erreur ou une omission toujours possibles. Je me ferai un plaisir et même un devoir de répondre à toute demande d'explication ou conseil sur la danse, le maintien ou l'organisation de bals de famille.

A ceux qui, ayant lu ce livre, et à première vue n'ont rien trouvé de nouveau -- car rien de nouveau sous le soleil --, je dirai : fermez-le, mais conservez-le quand même pour le jour où, invités à une noce, à un banquet, à un bal, vous vous découvrirez alors le besoin de le relire.

Propager cette théorie c'est rénover la danse et le maintien, agrémenter les matinées dansantes en rendant à la jeunesse le charme incontesté de nos françaises d'antan.

Dans l'attente de ce résultat, idéal de tous les bons professeurs de danse, je dis à mes lecteurs « Merci ».

Qu'il me soit permis de remercier mes fidèles élèves et collaborateurs MM. Jean Porta et Félix Bastide.

L. Leville

TABLE DES MATIÈRES

Imp. JONATHAN. -- 9, Rue Rovigo. ALGER

ACADÉMIE DES MAITRES DE DANSE

DE PARIS

SIÈGE SOCIAL : 2, Boulevard Saint-Denis, 2

Président d'Honneur : M. Ch. LEFORT, Mort pour la France à Charny près de Verdun, le 27 Novembre 1915

Diplôme

décerné à Monsieur Lévitte

Professeur de Danse et Maintien

à Alger

Paris, le 25 Mars 1921

Pour le Comité

Membre Actif

NOTA. — Ce Diplôme est délivré aux Professeurs ayant prouvé leurs aptitudes chorégraphiques, la connaissance de la méthode de l'Académie et des [illegible]

DANSE

Bienséance — Élégance

Duplicata N° 51

ACADÉMIE DE DANSE

Danses de Salons, Tenue, Belles Manières

39, BOULEVARD DE STRASBOURG, 39 – PARIS

EUGÈNE GIRAUDET

DIRECTEUR

Auteur et Professeur de Danse – Président de l'Académie Internationale des Professeurs de Danse

Certificat d'Aptitude Supérieur

N° 2

Délivré à Monsieur L. Lévitte

Professeur de Danse à Paris

Paris le 15 Mars 1906

Le Directeur,

M. L. Lévitte après examens passés avec succès à mon Académie, a été reconnu apte au professorat de la Danse, Tenue, Maintien et Belles Manières.

J'invite et même je recommande les personnes désireuses de faire bonne figure dans les soirées et bals en ce qui concerne les Danses classiques anciennes et nouvelles des salons, ainsi que la Bienséance, de suivre les cours et leçons donnés sous la direction de M. L. Lévitte

M. L. Lévitte ... a plein pouvoir pour la publication du présent certificat.

E. G.

www.ingramcontent.com/pod-product-compliance
Ingram Content Group UK Ltd.
Pitfield, Milton Keynes, MK11 3LW, UK
UKHW021957260726
13994UKWH00004B/1814

9 782329 453521